BEI GRIN MACHT SICH IHR WISSEN BEZAHLT

- Wir veröffentlichen Ihre Hausarbeit,
  Bachelor- und Masterarbeit

- Ihr eigenes eBook und Buch -
  weltweit in allen wichtigen Shops

- Verdienen Sie an jedem Verkauf

Jetzt bei www.GRIN.com hochladen und kostenlos publizieren

Bibliografische Information der Deutschen Nationalbibliothek:

Die Deutsche Bibliothek verzeichnet diese Publikation in der Deutschen National-
bibliografie; detaillierte bibliografische Daten sind im Internet über http://dnb.d-
nb.de/ abrufbar.

Impressum:

Copyright © 2014 GRIN Verlag, Open Publishing GmbH
Druck und Bindung: Books on Demand GmbH, Norderstedt Germany
ISBN: 978-3-668-10445-7

Dieses Buch bei GRIN:

http://www.grin.com/de/e-book/282093/uebersicht-zu-den-alten-und-neuen-kriegen-
was-ist-neu-an-den-neuen-kriegen

Ann-Britt Ohlsen

Übersicht zu den Alten und Neuen Kriegen. Was ist neu an den Neuen Kriegen?

GRIN Verlag

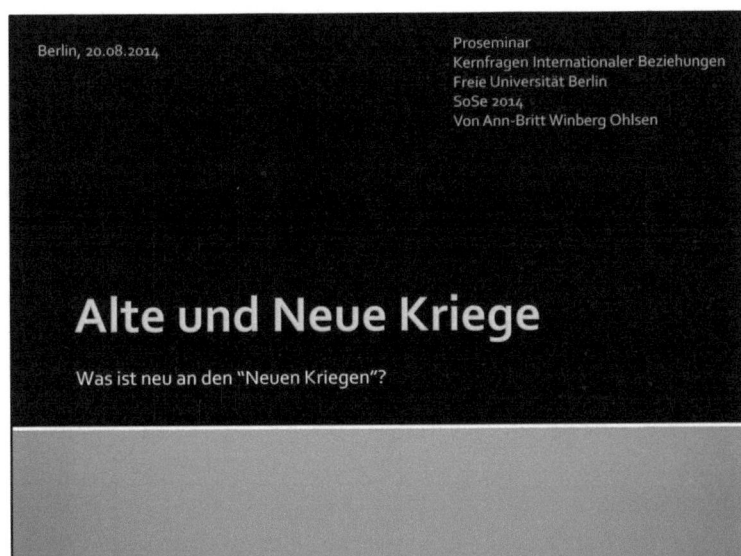

Berlin, 20.08.2014

Proseminar
Kernfragen Internationaler Beziehungen
Freie Universität Berlin
SoSe 2014
Von Ann-Britt Winberg Ohlsen

Alte und Neue Kriege

Was ist neu an den "Neuen Kriegen"?

- Thema: Alte und Neue Kriege
- Unterscheidung von Kriegstypen, vor allem von Herfried Münkler und Mary Kaldor geprägt
- Mit Kontroversen besetzt
- Alte Kriege: Zwischenstaatliche Kriege (bis 2. WK), sowie klassische Bürgerkriege z.B. zur Befreiung von kolonialer Fremdherrschaft
- Neue Kriege: Neue Form von Kriegen, innerstaatlich oder grenzüberschreitend, schwieriger zu differenzieren und aufzulösen

Inhalt

- Kriegsdefinitionen
- Staat im Realismus
- Alte Kriege
- Alte (klassische) Bürgerkriege
- Neue Kriege
- Beispiel: Somalia
- Diskussion:
  - Sind Neue Kriege wirklich neu?
- Fazit
- Quellenangaben

Ann-Britt W. Ohlsen

2

- Definition des Wortes Krieg
- Erläuterung der realistischen Perspektive auf internationale Beziehungen
- Darstellung der einzelnen Kriegstypen, Beispiele
- Diskussion
- Fazit

Krieg

- Allgemeine Definition:

„Krieg bezeichnet einen organisierten, mit Waffen gewaltsam ausgetragenen Konflikt zwischen Staaten bzw. zwischen sozialen Gruppen der Bevölkerung eines Staates"

(Schubert, Klein: Das Politiklexikon, 2011)

- Definition nach Anzahl der Todesopfer:

"War: At least 1000 battle-related deaths in one calendar year."

(Uppsala University, Uppsala Conflict Data Program, 2014)

Ann-Britt W. Ohlsen   3

Allgemeine Definition:
- Definitionen von Krieg oft allein auf zwischenstaatliche oder innerstaatliche Konflikte bezogen
→ Viele Konflikte und Kriege heute jedoch unabhängig von Staatsgrenzen
Definition nach Anzahl der Todesopfer:
- Definition nach Opferzahlen fraglich, da imaginäre/ quasi willkürliche Grenze
- Praktikabel, jedoch kein ausreichendes Kriterium, um einen Konflikt von einem Krieg zu unterscheiden
→ Einbeziehung vieler weiterer Faktoren wichtig (siehe folgende Folien)

Staat im Realismus

- Anarchie des internationalen Systems
- Staaten als einheitliche und einzig relevante Akteure
- Hauptinteresse: Sicherung der relativen Macht
- Egoismus, Zweckrationalität
- Prinzip der Selbsthilfe
→ Sicherheitsdilemma

Ann-Britt W. Ohlsen   4

- Keine übergeordnete Instanz, die Konflikte schlichten/ beenden kann im anarchischen internationalen Staatensystem
- Staaten hier als einheitliche und einzige Akteure gesehen
- Hauptinteresse, aufgrund der Unsicherheit im internationalen System, Akkumulierung von relativer Macht und somit Sicherung ihrer Souveränität
- Handeln egoistisch und zweckrational: Nur die Verbesserung der eigenen Position entscheidend
- Prinzip der Selbsthilfe: Jeder Staat für seine Sicherheit selbst verantwortlich, Recht auf Verteidigung im Angriffsfall
- Sicherheitsdilemma: Führt zu erhöhter Aufrüstung und ggf. Präventivschlägen der Staaten und somit, anstatt zu mehr Sicherheit (was eigentlich im Sinne jeden Staates wäre), letztlich zu mehr Unsicherheit im internationalen System

Alte Kriege

- Akteure: Staaten bzw. deren Streitkräfte
- Ziele: Verteidigung/ Vergrößerung von Territorium und somit Macht des Staates
- Opfer: Vor allem Kombattanten, teilweise (unbeabsichtigt) auch Zivilbevölkerung
- Völkerrechtliche/ diplomatische Regulierung
- Symmetrische Kriegsführung
- Kriegs- und Friedenszeiten klar abgrenzbar

- Betrachtung des Kriegsgeschehens aus realistischer Perspektive
- Akteure in den Alten Kriegen: Staaten bzw. die von ihnen befehligten Streitkräfte
- Verteidigung von Territorium bzw. Vergrößerung desselbigen und somit Machterhalt als Ziel
- Opfer hauptsächlich beteiligte Kombattanten und teilweise unbeabsichtigt Zivilbevölkerung
- Mehr Möglichkeiten der Regulierungen, z.B. in Bezug auf Behandlung von Kriegsgefangenen/ Zivilbevölkerung, erlaubte Waffen, Verhalten bei Waffenstillstand
- Gegnerische Staaten/ Streitkräfte in etwa gleich stark ausgerüstet→ Symmetrische Kriegsführung
- Beginn (Kriegserklärung) und Ende (Friedensschluss) meist formell geregelt (Verträge, Verhandlungen)

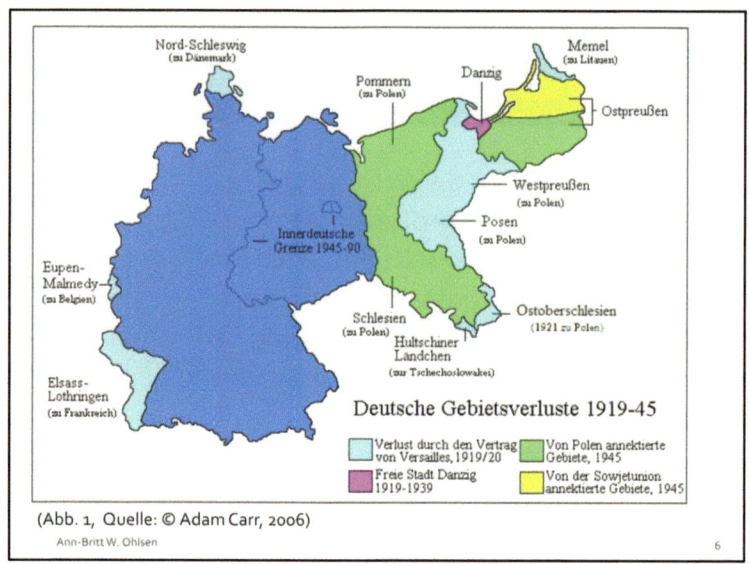

Ann-Britt W. Ohlsen

6

- Gebietsveränderungen Deutschlands nach dem 1. und 2. Weltkrieg als Beispiel für die Auswirkungen „Alter Kriege", wo es hauptsächlich um die Verteidigung/ Vergrößerung des Territoriums der Staaten ging

Rückgang zwischenstaatlicher (Alter) Kriege

- Rückgang zwischenstaatlicher Kriege seit Ende des
  2. Weltkrieges
- Mögliche Gründe:
  - Auflösung des Multipolaren internationalen Staatensystem, sowie
    Abschreckung durch Atomwaffen (Realismus)
  - Institutionalisierung des internationalen Systems
    (Institutionalismus)
  - Höhere transnationale Vernetzung und Interdependenz
    (Transnationalismus)
  - Zunehmende Demokratisierung der Staaten (Liberalismus)
  - Kriegsführung international nicht mehr gut angesehen
    (Konstruktivismus)

Ann-Britt W. Ohlsen   7

- Seit Ende des 2. WK Rückgang zwischenstaatlicher Kriege, neue Formen der
  Kriegsführung entstanden
Gründe dafür:
- Realismus: Internationales Staatensystem mit einem Pol (damals USA) bzw. zwei
Polen (USA und Sowjetunion) stabiler
- Institutionalismus: Internationale Institutionen (U.N., NATO u.a.) als
kriegsvermeidende Faktoren
- Transnationalismus: Globalisierung schafft steigende internationale/ transnationale
Vernetzung und gegenseitige Abhängigkeit
- Liberalismus: Weniger häufig Kriege zwischen demokratischen Staaten → Weniger
zw.staatl. Kriege in der zunehmend demokratisierter Staatenwelt
- Konstruktivismus: Legitimitätsverlust zwischenstaatlicher Kriege

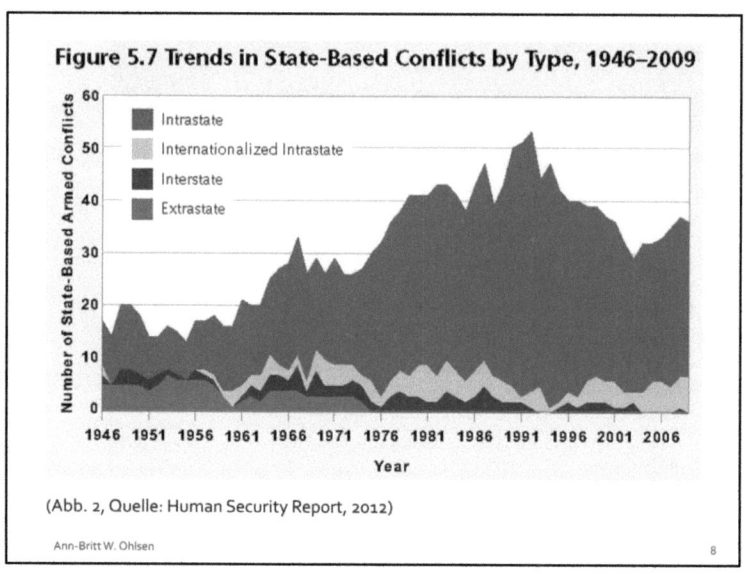

Figure 5.7 Trends in State-Based Conflicts by Type, 1946–2009

Legend:
- Intrastate
- Internationalized Intrastate
- Interstate
- Extrastate

(Y-axis: Number of State-Based Armed Conflicts, 0–60)
(X-axis: Year, 1946 1951 1956 1961 1966 1971 1976 1981 1986 1991 1996 2001 2006)

(Abb. 2, Quelle: Human Security Report, 2012)

Die Grafik aus dem Human Security Report 2012 (auf Basis von Daten des Uppsala Conflict Data Program und des Peace Research Institute Oslo entwickelt) zeigt seit dem Ende des 2. Weltkrieges folgende Entwicklungen:
- Rückgang zwischenstaatlicher Kriege („interstate", blau dargestellt = Alte zwischenstaatliche Kriege)
- Ende antikolonialer Kriege seit 1975 („Extrastate", grün dargestellt = Krieg zwischen einem Staat und einer nicht als Staat anerkannten politischen Einheit = Alte (klassische) Bürgerkriege)
- Stark erhöhte Anzahl an innerstaatlichen Kriegen („intrastate", rot dargestellt) = Neue Kriege)
- Davon ein relativ kleiner Teil internationalisiert, d.h. durch Interventionen anderer Staaten oder internationale Organisationen wie die UN, NATO usw. geprägt („Internationalized Intrastate", gelb dargestellt = internationalisierte Neue Kriege)

Alte (klassische) Bürgerkriege
Faktoren nach Schimmelfennig

- Innerstaatlicher Krieg
- Akteure: Regierung und Opposition
- Ursachen:
  - Forderung neuer Herrschaftsordnung (ideologische Hintergründe)
  - Versuch der Befreiung von (kolonialer) Fremdherrschaft
- Größere Gefahr des Auftretens in schwachen Staaten
- Opfer: Soldaten und zu großen Teilen auch Zivilbevölkerung
- Weniger Tote/Jahr, doch insgesamt hohe Todeszahlen
- Symmetrisch oder Asymmetrisch
- Regulierung sowie Abrüstung erschwert durch fehlendes Gewaltmonopol

Ann-Britt W. Ohlsen   9

- Unterteilung der Kategorie der Alten Kriege in Alte Staatenkriege und Alte (klassische) Bürgerkriege (Schimmelfennig)
- Alte (klassiche) Bürgerkriege innerstaatlich zwischen Regierung und Opposition
- Ziel: Ablösung der (kolonialen) Regierung bzw. neue Herrschaftsordnung
- Schwache Staaten besonders gefährdet wegen fehlendem Gewaltmonopol, defizitärer Legitimität
- Zivilbevölkerung häufiger als bei zwischenstaatlichen Kriegen Opfer, aufgrund von Rekrutierung von Zivilisten durch Rebellentruppen, Ausbeutung u.a.
- Oft weniger hohe Todeszahlen pro Jahr als bei zwischenstaatlichen Kriegen, doch dennoch hohe Anzahl an Toten durch erhöhte Dauer bei Bürgerkriegen
- Symmetrisch, wenn sich Regierungs- und Rebellentruppen gegenüber stehen, die in etwa gleich stark ausgerüstet sind oder asymmetrisch, wenn Opposition nicht über die gleichen Mittel verfügt, wie das durch die Regierung gestützte Militär
- Kontrolle der Situation durch fehlendes Gewaltmonopol erschwert

Neue Kriege
Faktoren nach Münkler u.a.

- Akteure weniger klar zu definieren als bei Staatenkriegen, u.a.: Regierung, Rebellentruppen/"Kriegsbanden", terroristische Gruppen, „Kriegsunternehmen"
- „Entgrenzung" von Kriegsgeschehen und zivilem Leben
- Häufig transnational ausgetragen
- Ursachen: Ethnische, religiöse, kommerzielle Motive
- Opfer: Vor allem Zivilbevölkerung
- Neue Formen der Finanzierung
- Neue Strategien
- Neue Formen der Brutalität

- Akteure sowohl von außen als auch von innen her oft nicht klar zu definieren
- "Entgrenzung" des Kriegsgeschehens: Aktive/ passive Beteiligung am Krieg wechselt sich ab, Grenze zwischen Soldaten und Zivilisten verschwimmt, Gewalt räumlich nicht mehr allein auf Schlachtfeld beschränkt
- Staatliche Grenzen und Nationalität häufig nicht mehr von hoher Relevanz, Transnationalisierung (Beispiel: Terroranschläge am 11. September)
- Ziele meist nicht mehr politischer Natur, sondern Verteidigung ethnischer/ religiöser Gruppe oder Profit
- Vor allem Zivilbevölkerung betroffen, hier (im Gegensatz zu Alten Kriegen) gezielt das Opfer, wie z.B. bei terroristischen Anschlägen, materieller Bereicherung an dieser (Plünderungen, Zwangsabgaben), Zwangsrekrutierung usw.
- Neue Formen der Finanzierung über Privatleute, Kontrolle von internationalen Hilfsgeldern, Plünderungen etc., weil im Gegensatz zum Staatenkrieg, wo die Regierung das Militär fördert, Eigenversorgung der Kriegstruppen
- Neue Strategien: z.B. Machtausübung durch Verbreitung von Angst und Schrecken (Terrorismus)
- Neue Formen der Brutalität: u.a. verstärkter Einsatz sexualisierter Gewalt, Rekrutierung von Kindersoldaten etc.

- Hauptfaktoren nach Münkler:

  - Entstaatlichung/ Privatisierung

  - Asymmetrisierung

  - Autonomisierung der Gewaltanwendung

  - Entpolitisierung

  - Kommerzialisierung

- Entstaatlichung: Zunehmens nichtstaatliche Akteure, Auflösung des Gewaltmonopols, Privatisierung der Kriegsführung
- Asymmetrisierung der Gewaltanwendung: Unterschiedlich gut ausgerüstete/ unterschiedlich große Gruppen kämpfen gegeneinander oder richten Gewalt gegen Zivilbevölkerung
- Autonomisierung (Verselbstständigung) der Gewaltanwendung: Diffusion der Gewalt (Neue Formen von Brutalität/ Kriminalität), Regulierung kaum möglich, kaum zeitliche/ räumliche Begrenzung
- Entpolitisierung: Erringen der Staatsgewalt nicht mehr primäres Ziel, gegen jede staatliche Gewalt (Ursachen oft ethnischer, religiöser, kommerzieller Art)
- Kommerzialisierung: Kriegsparteien profitieren häufig von Kriegszustand, versuchen ihn deshalb aufrechtzuerhalten

Neue Kriege
Dauer

- Komplexität der Motive und Akteurskonstellationen, Radikalität der Ziele, sowie Kommerzialisierung führen zu:

  - Verlängerter Dauer

  - Erhöhter Schwierigkeit der Beendigung des Krieges

  - Häufig erneutem Ausbrechen des Krieges

   Verstetigung des Krieges

Ann-Britt W. Ohlsen

12

- Radikalität angestrebter Ziele (schwere Durchsetzbarkeit), komplexe Akteursstrukturen, Profitabilität des Krieges führen zu Verstetigung
- Klare Abgrenzung von Kriegs- und Friedenszeiten nicht mehr möglich

Neue Kriege
Ursache

➤ Während zuvor vor allem die internationale Anarchie als Ursache für die Kriegsführung gesehen wurde (Realismus), ist es heute vor allem das Fehlen von Ordnung/ Gewaltmonopol *innerhalb von Staaten*, welches als Ursache gesehen wird

13

- Vor allem aufgrund der Privatisierung militärischer Ressourcen Staat nicht mehr im Besitz von „Monopol des Krieges"
→ Anfällig für „Neue Kriege"

Erläuterung der Hintergründe des Konfliktes:
- Beginn 1988, Verschärfung seit Sturz Barres, da seitdem keine funktionierende Zentralregierung mehr vorhanden
- Ursachen: Konflikte mit Nachbarstaaten Kenia und Äthiopien, kulturelle/ ethnische Konflikte (vor allem zwischen den verschiedenen Somalischen Clans), Islamistische terroristische Bewegungen (u.a. Al- Shabaab und Ahlu-Sunna Wal-Jama)
- Bürgerkrieg bis heute anhaltend, Puntland und Somaliland als autonome Teilstaaten abgespalten, neuer Präsident seit 2012 Hassan Sheikh Mohamud
- Bezeichnung Somalias als "Failed State": Staat kann seine grundlegenden Funktionen (Sicherheit, Wohlfahrt, Legitimität/ Rechtsstaatlichkeit) nicht mehr erfüllen
- Internationalisierung des Konfliktes: Eingriffe durch U.N., USA, EU und andere Akteure, vor allem durch die Unterstützung von AMISOM (Mission der Afrikanischen Union in Somalia) ermöglichen humanitäre Hilfe, sind aber auch für Parteilichkeit (Unterstützung der Regierung) kritisiert worden

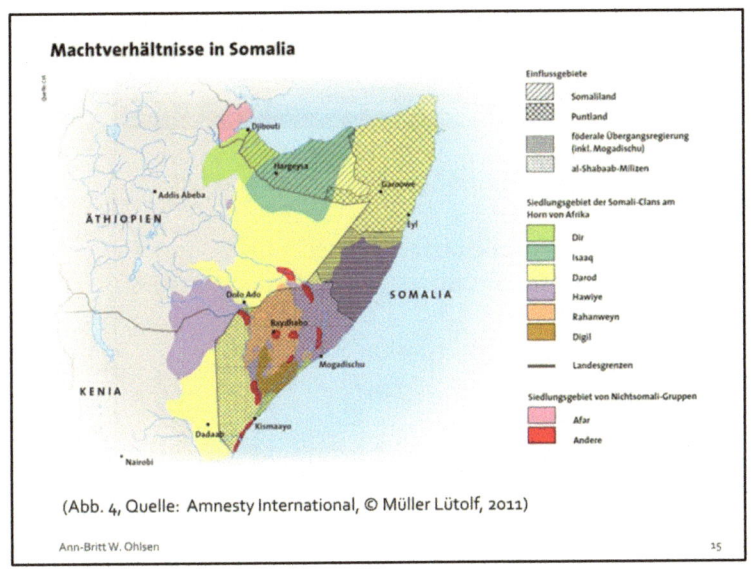

Machtverhältnisse in Somalia

Einflussgebiete

Somaliland

Puntland

föderale Übergangsregierung (inkl. Mogadischu)

al-Shabaab-Milizen

Siedlungsgebiet der Somali-Clans am Horn von Afrika

Dir

Isaaq

Darod

Hawiye

Rahanweyn

Digil

Landesgrenzen

Siedlungsgebiet von Nichtsomali-Gruppen

Afar

Andere

(Abb. 4, Quelle: Amnesty International, © Müller Lütolf, 2011)

- Karte zeigt Diffusion und Überlappung der unterschiedlichen Konfliktparteien und ihrer Territorien

- Auflösung des Gewaltmonopols durch Staatszerfall (*Entstaatlichung*)
- Warlords haben Kontrolle über das Geschehen, bereichern sich an der Situation (*Privatisierung, Kommerzialisierung*)
- Eingreifen/ Verändern der Situation von außen kaum möglich (*Autonomisierung* der Gewaltanwendung)
- Schwer bewaffnete Milizen kämpfen teils gegen unbewaffnete Bevölkerung (*Asymmetrisierung*)

Ann-Britt W. Ohlsen   16

Somalia als Beispiel für einen „Neuen Krieg":
- Staat verliert Gewaltmonopol (Entstaatlichung)
- Private Akteure haben Kontrolle/ kommerziellen Nutzen (Privatisierung, Kommerzialisierung)
- Anwendung von Gewalt nur schwer regulierbar, eigene Regeln der Konfliktaustragung (u.a. durch Clanstrukturen bedingt)
- Macht der Gruppen (Ausrüstung, finanzielle Ressourcen, Unterstützung von Privatakteuren) nicht gleich groß (Asymmetrisierung)

■ Sind Neue Kriege wirklich neu?

  ∘ Sind die genannten Phänomene schon zuvor in der Geschichte aufgetreten oder gänzlich neue Faktoren der Kriegsführung?

  ∘ Welchen Wert hat der Begriff und somit die Unterscheidung der einzelnen Kriegstypen für politikwissenschaftliche Analysen?

Ann-Britt W. Ohlsen   17

- Kontroversen zum Begriff der „Neuen Kriege" innerhalb der Wissenschaft
- Kritikpunkt: Viele der Faktoren der „Neuen Kriege" seien keine neuen Phänomene
- Differenzierung von Alten und Neuen Kriegen wissenschaftlich gewinnbringend?

- Münkler dazu:

„Darüber hinaus stellt sich jedoch die Frage, ob sich die neuen Kriege nicht in gewisser Hinsicht als eine Rückkehr hinter die Anfänge der Verstaatlichung des Kriegswesens beschreiben lassen, wie sie in Europa während der Frühen Neuzeit stattgefunden hat. Der Blick auf die Verhältnisse vor der Verstaatlichung des Krieges ist geeignet, Ähnlichkeiten mit den inzwischen entstandenen Verhältnissen aufzuzeigen, in denen der Staat *nicht mehr* ist, was er damals *noch nicht* war: Monopolist des Krieges." (Münkler, 2002)

- Dreißigjähriger Krieg als Beispiel

Ann-Britt W. Ohlsen

18

- Münkler selbst stimmt zu, viele Phänomene der „Neuen Kriege" auch in der Vergangenheit schon aufgetreten
- Beispiel Dreißigjähriger Krieg: Viele unterschiedliche Werte und Interessen, private Akteure, innerstaatliche (teils religiöse) Konflikte, Profitierung vom Krieg
- Asymmetrische Kriegsführung und Brutalität ebenfalls keine gänzlich neuen Phänomene

- „Tatsächlich hat mit dem Ende des staatlichen
  Gewaltmonopols der Krieg zusehends seine Konturen
  verloren: kriegerische Gewalt und organisierte Kriminalität
  gehen immer häufiger ineinander über [...] So ist ‚Krieg' zu
  einem politisch umstrittenen Begriff geworden. Redet man
  einer Eskalation der Gewalt das Wort, wenn man ihn auf diese
  Phänomene anwendet? Oder verschließt man die Augen vor
  den neuen Entwicklungen des Kriegsgeschehens, wenn man,
  am herkömmlichen Modell des Staatenkrieges festhaltend,
  den substaatlichen Formen der Gewaltanwendung die
  Qualität eines Krieges abspricht?" (Münkler, 2002)

Ann-Britt W. Ohlsen   19

- Krieg allgemein umstrittener Begriff in der Wissenschaft geworden: Bei heutigen vielfältigen Formen der Gewaltanwendung innerhalb von Staaten, auch über Staatgrenzen hinweg fraglich, ob Kategorisierung der Konfliktaustragungen mit Hilfe von Kriegsbegriffen noch sinnvoll

Diskussion:
Sind Neue Kriege wirklich neu?

- „Das entscheidend Neue an den neuen Kriegen ist das Zusammenkommen mehrerer Faktoren, die für sich genommen oft gar nicht so neu sind, die aber in ihrer Kombination zu einer drastischen Veränderung nicht nur des Kriegsgeschehens, sondern auch der Wahrnehmung von Bedrohungen führen."
  (Münkler, 2004)

- Viele Phänomene, über die „Neue Kriege" definiert werden, nicht gänzlich neu, doch neuartige Kombination dieser Phänomene
→ Neue Form der Konfliktaustragung/ Neue Form der Wahrnehmung dessen

Fazit

- Nicht alle Phänomene der Neuen Kriege gänzlich „neu"
- Jedoch neuartige Kombination verschiedener Faktoren
- Neue Probleme/ Schwierigkeiten
- Begriffliche Unterscheidung von Kriegsarten für Analysen hilfreich
- Beachtung der individuellen Eigenarten von Konflikten jedoch wichtig

Ann-Britt W. Ohlsen   21

- Viele der Faktoren, die „Neue Kriege" ausmachen, auch in der Vergangenheit schon aufgetreten
- Begriff der „Neuen Kriege" fasst jedoch neuartige Kombination von Faktoren zusammen, die sich von den Konfliktaustragung vor dem 2. WK unterscheidet
- Die Neuen Kriege bergen viele neue Probleme und Schwierigkeiten, z.B. Unkontrollierbarkeit vieler Konflikte, neue Formen der Brutalität, Verstätigung der Konflikte
- Begriffliche Unterscheidung von Konfliktarten kann wissenschaftliche Analysen bereichern, doch sollte nicht den Blick vor dem tatsächlichen, individuellen Charakter von Konflikten/ Kriegen verstellen

Quellenangaben

Textquellen:
- Frieden, Jeffry A./ Lake, David A./ Schultz, Kenneth A. (2012): *Chapter Three: Why Are There Wars?*. In: World Politics. Interests, Interactions, Institutions. 2nd ed. New York, NY; London, UK: W.W. Norton
- Kaldor, Mary (2007): *Neue und alte Kriege*, Frankfurt am Main : Suhrkamp
- Lambach, Daniel (2014): *Das veränderte Gesicht innerstaatlicher Konflikte*, Berlin: Bundeszentrale für Politische Bildung. www.bpb.de/internationales/weltweit/innerstaatliche-konflikte/54556/veraenderte-konflikte (18.09.14)
- Münkler, Herfried (2002): *Die neuen Kriege*, 4. Auflage, Reinbek bei Hamburg: Rowohlt
- Münkler, Herfried (2004): *Die neuen Kriege*. In: Der Bürger im Staat, 04/2004, S.179-184, Stuttgart: Landeszentrale für politische Bildung Baden-Württemberg
- Paffenholz, Thania (2004): *Gewaltsame Konflikte in Somalia*. In: Wissenschaft und Frieden, 22/ 2004, 22-1, S. 34-45, Bonn: Wissenschaft und Frieden e. V
- Rühl, Bettina (2006): *Es gilt das Gesetz des Dschungels – Somalia als Beispiel für Staatszerfall in Afrika*. In: Entwicklungshindernis Gewalt. Ein Arbeitsbuch über neue Kriege und erzwungene Armut für Oberstufe und Erwachsenenbildung, S. 62-65, Wuppertal: Hammer
- Schimmelfennig, Frank (2010): *Internationale Politik*, 2. Auflage, Stuttgart: UTB
- Schubert, Klaus/ Klein, Martina (2011): *Das Politiklexikon*. 5., aktual. Aufl. Bonn: Dietz
- Uppsala University, Department of Peace and Conflict Research (2014), *Definitions: Intensity level (War)*. www.pcr.uu.se/research/ucdp/definitions/ (22.09.14)
- Wagner, Jürgen (2006): *Intellektuelle Brandstifter: Die "Neuen Kriege" als Wegbereiter des Euro-Imperialismus*, In: Wissenschaft und Frieden, 3/2006, Bonn: Wissenschaft und Frieden e. V

Abbildungen:
- Abb. 1: Carr, Adam, in: *Die Deutsche Frage* (o.J.). http://de.wikipedia.org/wiki/Deutsche_Frage (18.09.14)
- Abb. 2:Human Security Report (2012), *Chapter 5: State-Based Armed Conflict*, Vancouver: Human Security Press
- Abb. 3: Gerste, Ronald D. (2012): *Das Kapitol in Flammen*. http://www.zeit.de/2012/25/US-Krieg-1812 (22.09.14)
- Abb. 4: Lütolf, Müller (2011): *Somalia – Im Chaos Versunken*, In: „AMNESTY – Magazin der Menschenrechte", Schweizer Sektion. http://www.amnesty.ch/de/aktuell/magazin/2011-4/somalia-im-chaos-versunken (22.09.14)